BEI GRIN MACHT SICH IHR WISSEN BEZAHLT

AF137934

- Wir veröffentlichen Ihre Hausarbeit,
  Bachelor- und Masterarbeit

- Ihr eigenes eBook und Buch -
  weltweit in allen wichtigen Shops

- Verdienen Sie an jedem Verkauf

Jetzt bei www.GRIN.com hochladen und kostenlos publizieren

Themen der Persönlichkeitspsychologie. Der Zusammenhang von Persönlichkeit und Gesundheit, Soziale Unterstützung, Gütekriterien von Persönlichkeitstests und die narzisstische Persönlichkeitsstörung

Jana Manke

Bibliografische Information der Deutschen Nationalbibliothek:

Die Deutsche Nationalbibliothek verzeichnet diese Publikation in der
Deutschen Nationalbibliografie; detaillierte bibliografische Daten sind
im Internet über http://dnb.d-nb.de abrufbar.

ISBN: 9783346775511
Dieses Buch ist auch als E-Book erhältlich.

© GRIN Publishing GmbH
Nymphenburger Straße 86
80636 München

Druck und Bindung: Books on Demand GmbH, Norderstedt Germany
Gedruckt auf säurefreiem Papier aus verantwortungsvollen Quellen

Das Buch bei GRIN: https://www.grin.com/document/1304918

Einsendeaufgabe

Modul:

Persönlichkeitspsychologie

Studiengang:

Prävention- und

Gesundheitspsychologie

Verfasserin:

Jana Manke

Inhaltverzeichnis

III

1.0 Aufgabe B1

1.1 Der Zusammenhang zwischen Persönlichkeit und Gesundheit

Smith und Williams (1992), schlugen vier verschiedene Modelle vor, um den Zusammenhang zwischen Gesundheit und Persönlichkeit zu erklären. Im Folgenden werden drei dieser Modelle genauer beschrieben.

Das erste Modell beschreibt Personen, welche aufgrund ihrer Persönlichkeitseigenschaften einem höheren Risiko ausgesetzt sind, zu erkranken (Maltby & Macaskill, 2011, S. 851). Psychologische Faktoren werden auf die Entstehung psychosomatischer Erkrankungen wie Asthma oder Magengeschwüre zurückgeführt. Die koronare Herzerkrankung, welche mit Stress und Emotionen in Verbindung gebracht wird, kann ebenfalls auf dieses Modell zurückgeführt werden (Maltby, 2011, S. 852).

In Modell zwei wird eher von einer Wechselwirkung zwischen Persönlichkeit und Gesundheit ausgegangen als von einer kausalen Verbindung. So wird in diesem Model die Annahme sichtbar, dass sowohl die Erkrankung als auch die Persönlichkeit auf die gleiche biologische Ursache zurückzuführen sind. Hier ist ebenfalls die koronare Herzkrankheit als Beispiel zu nennen, an welcher sich der Zusammenhang verdeutlichen lässt. So läge es im Bereich des Möglichen, dass ein Gen sowohl die Verantwortung für die Prädisposition zu feindseligem Verhalten wie auch für die genetische Anfälligkeit dieser Krankheit trägt (Maltby, 2011, S. 852).

Eine weitere Konzeption impliziert die Auffassung, dass Verhaltensweisen mit persönlichkeitsmerkmalen einhergehen, welche in Zusammenhang mit gesundheitlichen Folgen stehen und diese indirekt beeinflussen. Diese Persönlichkeiten tragen das Risiko schneller zu erkranken, da sie beispielsweise durch aggressives Verhalten eine negative Bewertung der Umwelt erfahren und ihnen somit weniger soziale Unterstützung zuteilwird. Die soziale Unterstützung stellt einen wichtigen Schutzfaktor im Hinblick auf körperliche Gesundheit, wie auch das subjektive Wohlbefinden dar (Cohen, 2004, S.681).

1.2 Zusammenhänge zwischen Krankheit und Persönlichkeitsmerkmalen

Persönlichkeitsmerkmale beschreiben ein stabiles und andauerndes Erleben und Verhalten, sodass zu vermuten ist, dass die Beständigkeit derer, sich auf die körperliche und physische Gesundheit auswirkt. Bestimmte Eigenschaften werden als potenzielle Risikofaktoren angesehen, welche Menschen erkranken lassen können.

Seit Jahrzehnten untersucht die psychosomatische Forschung, ob Persönlichkeitsmerkmale die Entstehung einer Erkrankung fördern, um welche Persönlichkeitsmerkmale es sich hierbei handelt und welche sich negativ auf den Krankheitsverlauf auswirken. Die wichtigste Frage ist hierbei, welche Persönlichkeitsmerkmale risikobehaftet sind. Die Stressforschung untersucht hingegen Aspekte der Persönlichkeiten, die einen Schutzfaktor darstellen und somit einen gesundheitsfördernden Effekt haben. Auf diese Schutzfaktoren, auch als personale Ressourcen bezeichnet, wurde sich vermehrt fokussiert, da diese die zunehmende Erkenntnis nahelegen, dass Personen über gesundheitsfördernde Stärken und Ressourcen verfügen können (Vollmann & Weber, 2011, S. 396-397).

1.3 Gesundheitlich relevante Persönlichkeitsmerkmale

Persönlichkeitsmerkmale, welche als gesundheitlich relevant angesehen werden, können sich einerseits gesundheitsgefährdend und andererseits gesundheitsfördernd auf die Gesundheit auswirken. Inhaltlich lassen sich gesundheitsrelevante Merkmale in zwei Gruppen unterteilen. Eine Gruppe beinhaltet die kognitiven Merkmale und demnach die Überzeugungen und Einschätzungen. Die andere beinhaltet affektive Merkmale. Diese umfassen hauptsächlich die Regulation sowie das Erleben von Emotionen (Vollmann & Weber, 2011, S. 397).

1.3.1 Gesundheitsrelevante kognitive Merkmale:

➢ Optimismus
Optimismus beschreibt eine unabhängig von Anstrengungen positive Zukunfts- und Ergebniserwartung (Weber & Vollmann, 2011, S.397).

➤ Pessimismus

Pessimismus zeichnet sich durch eine negative Sicht bezüglich der Zukunft aus. (Weber & Vollmann, 2011, S.397).

➤ Kontrollüberzeugung

Die Annahme, dass durch eigenes Verhalten auf wichtige Ereignisse Einfluss genommen werden kann und diese kontrollierbar sind (Weber und Salewski, 2009, S. 74).

➤ Selbstwirksamkeit

Der Glaube, dass trotz Hindernissen erreicht wird, was sich vorgenommen wurde (Salewski & Renner, 2009, S. 166).

➤ Kohärenzsinn

Die eigene Fähigkeit Widerstand zu leisten, die dabei helfen soll, belastende Ereignisse gesundheitlich ohne negative Auswirkungen zu bewältigen (Weber und Vollmann, 2005, S. 528).

1.3.2 Gesundheitsrelevante affektive Merkmale:

➤ Feindseligkeit

Feindseligkeit anderer Personen gegenüber, zeichnet sich durch erhöhte Neigung zu Ärger, dessen unzureichende Regulation aus (Weber, 2005, S. 530).

➤ Neurotizismus

Generelle Tendenz zu negativen Emotionen (Weber, 2005, S. 529).

➤ Typ-A Verhaltensmuster

Feindseligkeit, ausgeprägter Ehrgeiz, Wettbewerbsorientierung, Rastlosigkeit und Ungeduld (Faltermeier, 2005, S.113).

➤ Typ-B

Lebensakzeptanz, kein zwanghaftes Verhalten und sehr entspannt (Maltby et al., 2007, S. 859).

➤ Typ-C

Hilf- und hoffnungslos, unterdrückt Gefühle, um niemanden zu belästigen (Weber, 2005, S. 861).

➤ Typ-D

Unterdrückt bewusst Emotionen, neigt zu erhöhter negativer Affektivität, sozialer Gehemmtheit und eingeschränktem Selbstbewusstsein (Maltby, 2011, S. 861).

Im nächsten Absatz wird auf die Persönlichkeitsmerkmale Neurotizismus und Optimismus näher eingegangen.

Neurotizismus geht mit häufig auftretenden und intensiven negativen Emotionen über längere Zeiträume einher. Positive Emotionen sind dagegen eher selten (Neyer & Asendorpf, 2017, S.144). Neurotische Menschen leiden oft unter allgemeiner Ängstlichkeit, hoher Reizbarkeit, neigen zu Depressionen und sind in sozialen Situationen eher gehemmt, verlegen und schüchtern. Sie haben keine hohe Frustrationstoleranz, können schlecht Versuchungen widerstehen und sind sehr sensibel und stressanfällig (Ostendorf & Angleitner, 2003). Khan und Kollegen (2005) stützen die Aussage, dass Neurotizismus ein Faktor für die Entstehung psychischer Störungen sein könnte. Charakteristisch hierfür ist eine erhöhte Sensitivität für aversive Reize, was auf eine erhöhte subjektive Wahrnehmung und Sensibilität für körperliche Empfindungen zurückzuführen ist. Dies bedeutet, dass Menschen mit ausgeprägtem Neurotizismus vermehrt von körperlichen Symptomen berichten, obgleich keine Hinweise auf eine schlechte körperliche Verfassung vorliegen. Neurotizismus lässt sich auch mit der Abwesenheit subjektiven Wohlbefindens beschreiben und stellt damit einen Risikofaktor für mangelndes Wohlbefinden dar (Salewski & Renner, 2009, S.143, Faltermaier, 2005, S.120). Auf der gesundheitlichen Ebene haben diese Menschen vermehrt körperliche Beschwerden, Probleme Stress zu regulieren und sind nicht sehr zufrieden mit ihrem Leben (Weber & Rammsayer, 2005, S. 528).

Selbstwirksamkeit ist nach Salewski und Renner (2009) ein wichtiges Konzept in Banduras sozial kognitiver Lerntheorie. Selbstwirksamkeit beschreibt die Überzeugung angedachtes Verhalten ausführen zu können, obgleich Hindernisse oder Widerstände im Weg stehen. Selbstwirksamkeit wird als Prädikator mit positivem gesundheitsrelevantem Verhalten in Verbindung gebracht. Beispielsweise beim Durchhalten einer Diät oder eines Raucherentwöhnungsprogramms. So beeinflusst sie nicht nur das Beginnen einer Aufgabe, sondern auch das Durchziehen, bis das Ziel erreicht ist (Weber und Vollmeer, 2005, S. 528). Selbstwirksamkeit korreliert mit verschiedenen Bereichen gesundheitsrelevanten Verhaltens, wie der Entwicklung von Resilienz und der Überwindung belastender Situationen (Maltby et al., 2011, S. 871).

Die beste Möglichkeit die eigene Selbstwirksamkeit im Rahmen eines betrieblichen Gesundheitsmanagements zu stärken und zu erleben, ist durch eigene Erfahrungen zu bemerken, dass Verhalten und Handlungen entweder zu einem Erfolg oder zum Misserfolg führen. In Arbeitsprozessen kann Selbstwirksamkeitserwartung durch die Rückmeldung in Form von Lob, Anerkennung und von wahrgenommenen Erfolgen gestärkt werden. Außerdem ist es wichtig, zu vermitteln, dass diese Erfolge die Folgen des eigenen Handelns und der eigenen Kompetenzen sind. Ebenso wirkt es sich positiv auf Mitarbeiter aus, mit ihnen Teilziele festzulegen, da sich dadurch Erfolgserfahrungen manifestieren lassen. Indirekte Erfahrungen in Form von lernen am Modell sowie unterstützen, ermutigen und gegenseitiges Vertrauen stellen ebenfalls wesentliche Faktoren zur Steigerung der Selbstwirksamkeitserwartung dar. Auch das Arbeiten in Gruppen, in denen ein guter Zusammenhalt herrscht, in dem sich die Menschen gegenseitig vertrauen, trägt zur Steigerung des Selbstwirksamkeitserlebens bei (Latocha, 2015, S. 73-74).

Im Arbeitskontext ist es für Menschen, die zu Neurotizismus neigen, von großer Bedeutung, dass ein Arbeitgeber die neurotische Person sehr langsam auf anstehende Veränderungen vorbereitet. Außerdem ist es von Bedeutung, dass der Arbeitgeber möglichst betrübliche Gesprächsthemen vermeidet und eventuelle Sorgen wenn möglich verschweigt. Von großem Vorteil kann es sein, neurotische Menschen in Planungsgeschehen mit einzubeziehen, da sie aufgrund ihrer oftmals ängstlichen Überlegungen, potenzielle Gefahren schneller erkennen und berücksichtigen können (Konopinski-Klein, 2020, S.19). Darüber hinaus könnte die Person mit anderen Personen zusammenarbeiten, welche überdurchschnittliche Leistungen erbringen, um sie sowohl inhaltlich als auch mit der Menge der Arbeit nicht zu überfordern. Zusätzlich wäre eine Entspannung des Geistes durch regelmäßige verpflichtende sportliche Aktivitäten und eine damit einhergehende Senkung der Reizbarkeit und einem besseren sozialen Umgang empfehlenswert (Asendorpf, 2019, S. 91).

2.0 Aufgabe B2

2.1 Was ist soziale Unterstützung?

Für die seelische und körperliche Gesundheit von Menschen sind soziale Beziehungen und Interaktionen von großer Bedeutung. Durch soziale Beziehungen können Belastungen besser bewältigt und Herausforderungen besser gemeistert werden. Praktische und emotionale Unterstützung wirken sich positiv auf belastende Situationen aus. So beeinflussen Hilfe und Unterstützung nicht nur das seelische Wohlbefinden, sondern wirken sich auch positiv auf die körperliche Gesundheit aus (Kienle, Knoll, Renneberg, 2006, S. 7). Unter sozialer Unterstützung wird der Umfang der Hilfe, die jemand bei der Bewältigung emotional belastender Situationen von anderen erhält, verstanden. Diese kann in Form von finanzieller Hilfe, dem Spenden

VIII

von Trost oder dem Erteilen von Ratschlägen angeboten werden (Asendorpf & Neyer 2018, S. 264).

Soziale Unterstützung wird als Interaktion zwischen dem Unterstützungsempfänger und dem Unterstützungsgeber verstanden, welcher in belastenden Situationen Unterstützung leistet. Die drei Formen in denen Hilfe angeboten werden kann, werden unterteilt in:

- **Informelle Unterstützung** (Rat geben, oder Übermittlung hilfreicher Informationen)

- **Instrumentelle Unterstützung** (finanzielle Hilfe, das erledigen von Arbeiten)

- **Emotionale Unterstützung** (gut Zusprechen, Trost und Wärme spenden, Mitleid) (Kienle et al. 2006, S. 108).

Soziale Unterstützungsleistungen sollen das Ziel verfolgen, problembehaftete, Leid erzeugende Zustände zu verändern und wenn das nicht funktioniert, das Ertragen des Leides zu vereinfachen (Schwarzer,2000, S.59). Soziale Unterstützung stellt eine externale Ressource dar, welche mit Hilfe anderer Ressourcen dazu beiträgt Umweltanforderungen so zu begegnen, dass wenige Verluste entstehen. Nicht allein die Menge der sozialen persönlichen Ressourcen einer Person sind wichtig, sondern auch inwiefern diese Ressourcen geeignet sind, um Umweltanforderungen zu meistern (Hobfoll, 2001, S. 14461- 14465).

Soziale Unterstützung ist jedoch nicht nur eine Ressource, sondern trägt auch maßgeblich zur persönlichen Identität bei. Beispielsweise könnte eine Person ableiten gemocht zu werden, wenn diese soziale Unterstützung erhält (Kienle et al. 2006, S. 108).

Bei sozialer Unterstützung wird zwischen wahrgenommener und tatsächlicher sozialer Unterstützung unterschieden (Schröder, 1997, S. 331).

Tatsächlich erhaltende Unterstützung ist die Retrospektive von demjenigen, der die Unterstützung bereits erhalten hat. Wahrgenommene Unterstützung beschreibt die Erwartung eines Menschen in Zukunft, soziale Unterstützung von seinen sozialen Kontakten zu erhalten, sollte er darauf angewiesen sein (Schwarzer, 2000, S. 52).

2.3 Zusammenhänge zwischen Sozialer Unterstützung und Gesundheit

Wichtige Faktoren, welche auf der inhaltlichen Ebene im Zusammenhang mit sozialer Unterstützung und Gesundheit genannt werden müssen, sind Stress und stressassoziierte Faktoren. Stress manifestiert sich auf affektiver Ebene, kognitiver Ebene und durch somatische Reaktionen. Wenn Situationen als stressreich empfunden werden und die Person über nicht genügend interne Ressourcen zur Bewältigung verfügt, kann dies zu negativen Emotionen wie Trauer, Angst und Ärger führen (Hobfoll, 1989, S. 44). So besteht die Annahme, dass Menschen, welche viel Unterstützung erhalten können, weniger häufig Stress erfahren und allgemein über ein höheres Maß an Wohlbefinden verfügen (Kienle, Knoll, Rennberg, 2006, S.114).

Das Haupteffektmodell der sozialen Unterstützung beschreibt die Annahme, welche besagt, dass sich soziale Unterstützung nicht nur positiv auf das Wohlbefinden auswirkt, wenn Stressoren vorliegen, sondern generelle positive Auswirkungen auf die Gesundheit hat (Park,et al. 2004, S.28). Gestützte Befunde handeln sich hierbei vor allem um die wahrgenommene Unterstützung. Zu wissen, dass soziale Unterstützung im Notfall gewährleistet werden kann, stellt einen potenten, direkten Schutzfaktor gegen Stress dar. Wenn der Stress allerdings schon besteht, kann dieser mit tatsächlicher sozialer Unterstützung bewältigt werden (Sarason, Pierce & Sarason, 1990, S.97-128).

Ein weiterer Faktor, für den Zusammenhang von Gesundheit und sozialer Unterstützung sind gesundheitsrelevante Verhaltensweisen. Beispielsweise kann die Unterstützung von anderen oder allein die Gewissheit, dass diese bei Bedarf in Anspruch genommen werden kann, dazu beitragen, dass Menschen gesündere Verhaltensweisen an den Tag legen. Wie zum Beispiel weniger zu trinken, sportlich aktiv zu bleiben oder mit dem Rauchen aufzuhören (Lippke, 2004, S. 56, 615). Ebenfalls wäre es möglich, dass das soziale Netzwerk eine Person passiv animiert, indem es eine Modellfunktion einnimmt und positiv zum menschlichen Gesundheitsverhalten beiträgt. Weiterhin ist möglich, dass durch Bezugspersonen gesundheitsrelevante Verhaltensweisen vermittelt werden, z.B. durch hilfreiche Unterstützung oder Eigenschaften des Netzwerkes (Cohen, 2004, S. 677). Im Fokus der sozialen Unterstützung steht auch die Stresspufferfunktion, welche einflussreich auf gesundheitsrelevantes Verhalten wirkt. Stress kann beispielsweise bei der Rauchentwöhnung, durch soziale Unterstützung abgeschwächt und aufgefangen werden und somit zumindest zeitweise vor Rückfällen und risikobehaftetem Verhalten bewahren (Simons-Morton, 2004, S.23, S.612-621).

2.4 Soziale Unterstützung als Persönlichkeitsmerkmal

Soziale Unterstützung ist ein kognitives Persönlichkeitsmerkmal, welches sich durch das grundlegende Vertrauen einer Person in die Akzeptanz und Fürsorge anderer auszeichnet (Sarason, Pierce & Sarason 1992, S.143-154). Ein Ansatz, der diese Annahme unterstützt, besagt dass dies auf einen Bestandteil allgemeiner kognitiver und affektiver Schemata im zwischenmenschlichen Bereich zurückzuführen ist. Dieser beeinflusst bedeutend die Wahrnehmung interpersoneller Situationen, die Bewältigung belastender Situationen sowie soziale und interpersonale Kompetenzen und das Vertrauen in andere. Damit einher gehen bindungstheoretische Ansätze, welche wahrgenommene soziale Unterstützung als Element einer sicheren Bindung verstehen (Bartholomew et al, 1997, S. 359, 378). So sind diese stabilen Glaubenssätze und Überzeugungen auf vergangene Unterstützungserfahrungen und damit auch auf Bindungs- und Beziehungserfahrungen in der kindlichen Entwicklung zurückzuführen (Sarason, Barbara, et al 1990, S. 97-128).

2.5 Einfluss einer stabilen Partnerschaft auf chronische Erkrankungen

In einer Partnerschaft lebende Menschen beeinflussen sich gegenseitig durch aktive Handlungen oder durch Stimmungslagen und agieren als System. Oft werden negative Emotionen auf den Partner übertragen und so können anhaltende depressive Symptome nach der Zeit auf den anderen übergehen. Dadurch kann es zu Problemen der Bewältigung der Symptome bei dem Einzelnen oder bei beiden kommen (Bodenmann, 2000, S.488). Jedoch konnte auch gezeigt werden, dass der Übertragungseffekt in bestimmten Situationen aussetzen kann, um den anderen in sehr stressigen Situationen zu entlasten (Thompson u. Bolger, 1999, S. 61).

Diese Anzeichen der Rücksicht gegenüber dem Partner können Formen der dyadischen Bewältigung darstellen. Hierbei existieren mehrere Theorien, welche versuchen, dieses Phänomen zu erklären. Bodenmann (2000) beschreibt hierbei das Modell des dyadischen Copings. In dieser Theorie werden alle Stresserlebnisse die die Dyade als Einheit betreffen, als dyadischer Stress bezeichnet. So wirken sich Stresserlebnisse über einen längeren Zeitraum von einem Partner auf den anderen aus. So wird aus dem individuellen Stresserleben dyadisches Stresserleben. Bodenmann unterscheidet hierbei zwischen gemeinsamem Coping, supportivem Coping, und delegiertem Coping.

Das gemeinsame Coping beschreibt das Angehen von Lösungen in der Dyade, während gegenseitig Solidarität gezeigt wird. Das supportive Coping beinhaltet Maßnahmen zur gegenseitigen emotionalen oder instrumentellen Unterstützung. Beim delegierten dyadischen Coping entlastet ein Partner den anderen, indem er dessen Aufgaben übernimmt. Verschiedene Studien zu dyadischem Coping bei chronischen Erkrankungen konnten zeigen, dass die gelungene Koordination der Bewältigung in der Dyade mit weniger Belastung bei dem gesunden Partner und mit einem besseren Umgang mit der Erkrankung des anderen Partners einher geht (Bodenmann, 2000, S.113).

Wenn ein belastendes Erlebnis, wie eine chronische Erkrankung des Partners durchgemacht wird, gehen Berg und Upchurch (2007) davon aus, dass beide Partner von Anfang an in den Prozess des Bewältigens involviert sind und somit auch beide von Beginn an den Stressprozess erfahren. So kombinieren sich die Bewertung und Bewältigungsprozesse beider Partner und es kommt zu einem dyadischen Prozess. Soll eine chronische Erkrankung erfolgreich von beiden Seiten aus bewältigt werden, muss die Situation von beiden gleichermaßen bewertet werden. Wenn beide Partner die Annahmen, die sie zur Erkrankung haben teilen und die Situation als gleich stressig bewerten, so kann eine durch gegenseitige Unterstützung und gemeinsamer Bewältigung bessere körperliche und emotionale Anpassung beider Parteien erreicht werden. Aufgrund des Wissens über Stärken und Schwächen des jeweils anderen, ist es möglich zusammen Ziele zu formulieren, Entscheidungen zu treffen und somit aktiver miteinander an dem Problem arbeiten zu können (Berg, Upchurch, 2007, S. 920-954).

3.0 Aufgabe B3

3.1 Klassische Gütekriterien von Persönlichkeitstests

Persönlichkeitstest sind Verfahren, bei welchen ein eigenes Selbstbild erstellt wird. Diese werden in der klinischen Psychologie, wie auch in der betrieblichen Personalauswahl und -entwicklung eingesetzt. Personen sollen anhand verschiedener Aussagen versuchen sich selbst einzuschätzen. Wie Personen sich selbst einschätzen, ist sehr subjektiv und nicht immer realistisch. Im Nachhinein wird die Selbsteinschätzung der Personen mit einer sogenannten Vergleichsgruppe oder Norm (Stichprobe) verglichen. Die Auswertung des Tests wird meistens als Profil dargestellt und zeigt, inwieweit die Person in deren Selbstbild anderen Personen ähnelt oder sich von diesen unterscheidet. Die Ergebnisse werden mit anderen Informationen über die Person verbunden und durch Interpretation der Einzelergebnisse zeigt sich ein stimmiges Gesamtergebnis (Müllerschön, 2006, S. 2).

So messen Persönlichkeitstests keine Leistungseigenschaften, sondern Persönliche Eigenschaften. Zu diesen Tests zählen allgemeine Persönlichkeitsstrukturtests, anhand welcher typische Verhaltensweisen einer Person erfasst werden, spezifische Persönlichkeitstest, welche beispielsweise Persönlichkeitsmerkmale wie Kontrollüberzeugung oder Empathie messen, oder Einstellungs-, Interessens-, oder Motivationstests. Unter den Persönlichkeitstests werden zwei Gruppen unterschieden: Objektive Tests (direkte Verfahren) und projektive Tests (indirekte Verfahren) (Simon, 2006, S. 45).

Der Begriff „Gütekriterien" umfasst Gesichtspunkte sowie Anforderungen, welche im Bezug auf die Qualität von Tests und Fragebögen von Bedeutung sind. Diese basieren auf international einheitlichen Standards für Fragebögen und Tests. Die wichtigsten Gütekriterien lassen sich in Objektivität, Reliabilität, Validität, Skalierung, Nominierung, Testökonomie, Nützlichkeit, Zumutbarkeit, Unverfälschbarkeit und Fairness einteilen. Die ersten drei Kriterien (Objektivität, Reliabilität und Validität) lassen sich hierbei als Hauptgütekriterien nennen. Diese drei Kriterien können vor allem entscheiden, ob ein Test ein fertig entwickeltes wissenschaftliches Messinstrument darstellt (Moosbrugger & Kelava, 2020).

3.1.1 Objektivität

Um die erforderliche Vergleichbarkeit der Ergebnisse von verschiedenen Menschen in Test und Fragebögen zu gewährleisten, muss das Gütekriterium Objektivität erfüllt werden (Moosbrugger & Kelava, 2020).

Die Bedingungen der Durch- und Ausführung des Tests müssen stets gleich sein und sich nicht verändern, egal wer den Test durchführt oder wer ihn auswertet. Demnach muss jede Testperson oder Testgruppe, die denselben Test zur selben Zeit durchführt, dasselbe Testergebnis erhalten oder reproduziert werden können. Dies erfordert eine Vereinheitlichung des Testverfahrens.

Hinsichtlich der Objektivität werden drei Aspekte unterschieden. Die Durchführungsobjektivität beschreibt, dass das Verhalten der Testperson unabhängig der des Testdurchführers sein muss, dass die Testperson also bei unterschiedlichen Testdurchführern dasselbe Ergebnis erzielt. Auswertungsobjektivität bedeutet, dass gleiches Verhalten einer Person, immer gleich ausgewertet wird.

Interpretationsobjektivität ist gegeben, wenn alle Tester zum gleichen Ergebnis kommen, also das Testergebnis unabhängig der testenden Person ist (Simon, 2006, S. 45).

Damit die Erfüllung dieser drei Objektivitätskriterien gewährleistet werden kann, ist es von Bedeutung unabhängig vom Anwender deutliche Regeln für die Durchführung, Auswertung und Ergebnisinterpretation aufzustellen (Moosbrugger & Kelava, 2020).

3.1.2 Validität (Gültigkeit)

Das Gütekriterium Validität ist betreffend die theoretische Diskussion zusammenhängender Merkmale und der praktischen Anwendung das Merkmal, welches am meisten von Bedeutung ist. Allgemein beschäftigt sich die Validität damit, was der Test misst und welches Merkmal er messen möchte. Außerdem beschäftigt sie sich damit, wie belastbar Testwertinterpretationen sind und dem Rückschluss welche auf Basis der Testergebnissen bezüglich eines Außenkriteriums ermöglichen.

Ist die Validität eines Tests hoch, wird damit ein bestimmtes Merkmal bzw. mehrere Merkmale, wie Introversion, Sorgfalt oder Leistungsorientierung gemessen. Hohe Validität hängt immer von hoher Objektivität und hoher Reliabilität ab. Weist ein Test eine niedrige Validität und eine hohe Reliabilität auf, misst er nicht das, was er eigentlich sollte.

Man unterscheidet hier zwischen interner Validität (Konstruktvalidität), welche sich die Frage stellt, in welchem Ausmaß das zu untersuchende Merkmal/Konstrukt tatsächlich erfasst wird und externer Validität (Kriteriumsvalidität), welche untersucht, in welchem Ausmaß das gemessene Ergebnis in anderen Umständen wirkt (Simon, 2006, S. 45).

3.1.3 Reliabilität (Zuverlässigkeit)

Das Gütekriterium Reliabilität wird erfüllt, wenn das gemessene Merkmal ganz genau ohne Messfehler gemessen wird (Moosbrugger & Kelava, 2020).

Die Reliabilität gibt an, wie messgenau der Test ist. Liegen beständige Merkmale vor, wird erwartet bei wiederkehrenden Testungen dasselbe Ergebnis zu erhalten. Aufgrund dessen wir bei einer hohen Reliabilität davon ausgegangen, dass der Test eine Unabhängigkeit von Zufallsschwankungen und Umweltbedingungen aufweisen kann. So hängt die Reliabilität immer auch von der Objektivität ab (Simon, 2006, S. 45).

Die Ausprägung der Reliabilität wird als Ergebnis von wahrer Abweichung und Gesamtabweichung der Testwerte definiert. Die wahre Abweichung misst die wahren Testwerte (true Scores). Aus der Differenz zwischen wahrer Abweichung und Gesamtabweichung der gemessenen Testergebnisse ergibt sich die Messfehlerabweichung oder die Messfehlerbehaftetheit, welcher zeigt, wie fehlerbehaftet ein Messinstrument ist (Moosbrugger & Kelava, 2020).

3.2 Narzisstische Persönlichkeitsstörung

Personen mit einer Persönlichkeitsstörung weisen sehr starke Ausprägungen von Persönlichkeitsmerkmalen auf. Um von einer Persönlichkeitsstörung sprechen zu können, muss die Person jedoch folgende Muster aufweisen:

a) In vielen Bereichen soziokulturellen Erwartungen abweichendes Verhalten und Erleben.
b) Beeinträchtigung oder Leid im Beruf oder anderen wichtigen Bereichen.
c) Diese Muster müssen stabil und lang andauernd sein.
d) Dieses Muster kann nicht einer anderen psychischen Störung zugeordnet werden.
e) Dieses Muster ist nicht auf eine physiologische Wirkung oder einen medizinischen Krankheitsfaktor zurückzuführen (Hoyer & Knappe, 2020).

Narzissmus wird mit allgemeiner Überheblichkeit, Geltungsbedürfnis und einem Übermaß an Selbstbezogenheit in Verbindung gebracht. Die narzisstische Persönlichkeitsstörung stellt eine tiefgreifende Störung der Persönlichkeit dar. Jemand der unter einer narzisstischen Persönlichkeitsstörung leidet, hat ein großes Bedürfnis nach Bewunderung, empfindet sich selbst als sehr besonders und wichtig (Dieckmann, 2011, S.71). Diese Menschen fantasieren gerne und oft über eigene Leistungen, Erfolge, Macht, Genialität oder der idealen Liebesbeziehung. Außerdem sind sie der Meinung, dass ihnen fast alles zusteht, deshalb verhalten sie sich oft sehr unangebracht und ausbeuterisch. Hinzu kommt das Problem Emotionen anderer zu verstehen, was auf einen Mangel an Empathie zurückzuführen ist. Sie erwarten von anderen bewundert zu werden und dass ihnen sehr viel Aufmerksamkeit zuteilwird. Ihre Verhaltensweisen und Einstellungen sind oftmals arrogant. Ihre Überzeugung besonders und einzigartig zu sein, geht oft mit Neid auf andere oder dem Glauben andere seien neidisch einher (Maltby et al., 2011, S. 823).

3.2.1 Diagnose der narzisstischen Persönlichkeitsstörung

Um eine Persönlichkeitsstörung zu diagnostizieren, müssen die allgemeinen Kriterien einer Persönlichkeitsstörung mit der zu diagnostizierenden Person übereinstimmen. Wenn dieser Fall auftritt, wird untersucht, ob Verhaltens- und Erlebensweisen auf eine bestimmte Persönlichkeitsstörung schließen lassen.

Um nun eine Diagnose zu stellen, wird ein strukturiertes klinisches Interview durchgeführt. Vorhandene Interviewleitfäden, wie dem strukturierten klinischen Interview für DSM-5 Persönlichkeitsstörungen, oder dem „International Personality Disorder Examination" werden von ausgebildeten Interviewern genutzt. Orientiert wird sich hierbei an den DSM-IV bzw. DSM-5 oder den ICD-10 Diagnosekriterien für Persönlichkeitsstörungen. Die „Operationalisierte Psychodynamische Diagnostik" (OPD), erfasst das Strukturniveau der Patienten betreffend vier verschiedener Dimensionen (emotionale Kommunikation und Bindung, Steuerungsfähigkeit und Selbst- und Objektwahrnehmung). Um die Ausprägung der Persönlichkeitsstörung die im DSM-5 und ICD-10 ausgeführt wird, dimensional einschätzen zu können, gibt es die „Fragebögen zur Erfassung der Persönlichkeitsstörungen", oder das „Inventar Klinischer Persönlichkeitsakzentuierung." Des Weiteren existieren einige persönlichkeitsspezifische Fragebögen, wie den „Narcisstic Personality Inventory". Diese halten die Ausprägung spezifischer Persönlichkeitsmerkmale dimensional fest. Um eine sichere Diagnose stellen zu können, ist ein Interview jedoch Plicht. Fragebögen zur Selbstbeurteilung können für dimensionale Darstellung der Forschung genutzt werden oder zu einem ersten klinischen Eindruck beitragen (Hoyer & Knappe, 2020).

Die narzisstische Persönlichkeitsstörung kann meist erst im frühen Erwachsenenalter diagnostiziert werden. Sie wird im Diagnostic and statistical manual of disorders, fifth edition (DSM-5) dem Cluster B, der launisch, dramatischen und emotionalen Persönlichkeitsstörungen zugeordnet. Aus den klinischen Kriterien des (DSM-5), müssen mindestens fünf der folgenden Kriterien auf den Patienten zutreffen:

- Übertriebenes Gefühl der eigenen Wichtigkeit, Leistungen und Talente. Denkt auch ohne Leistungen überlegen zu sein.
- Fantasiert sehr oft über den eigenen Erfolg, Macht, Schönheit oder der perfekten Liebe.
- Sieht sich selbst als einzigartig und besonders an und denkt sich nur mit Menschen abgeben zu können, die das ebenfalls sind.
- Will bewundert werden.

- Ist sehr anspruchsvoll, erwartet dass auf Erwartungen eingegangen wird und eine extra Behandlung bekommt.
- Nutzt und beutet Menschen in interpersonellen Beziehungen aus, um eigene Bedürfnisse zu befriedigen.
- Kann aufgrund einem Mangel an Empathie nicht mit den Emotionen und Bedürfnissen anderer umgehen.
- Hat häufig mit Neid auf andere zu kämpfen oder denkt andere seien neidisch.
- Ist häufig arrogant und überheblich

  (Dieckmann, 2011, S. 71).

4.0 Quellenverzeichnis

Bartholomew, R., Kim/Cobb, Rebecca. J/Polle & Jeniffer, A. (1997). Adult attatchment patterns and social support processes in Pierce, Gregory, R./ Lakey, Brian/Sarason, Irwin, G./ Sarason, Barbara,R. *Sourcebook of Social support and personality*. New York, London: Springer Science

Berg,CA & Upchurch, R. (2007). *A developmental-contextual model of couples coping with chronic illness across the adult life span*. Psycho Bull 133:920-954

Bodenmann, G. (2000). *Stress und Coping bei Paaren*. Göttingen: Hogrefe.

Cohen, S. (2004). *Social relationships and health*. American Psychologist.59 (8), 676-684.

Dieckmann, E. (2011). *Die narzisstische persönlichkeitsstörung mit Schematherapie behandeln*. Stuttgart: Klett-Cotta.

Faltermeier,T.(2005). *Gesundeitspsychologie* (1. Aufl.). Stuttgart: Kohlkammer.

Hobfoll,S.E. (1989). *Conversation of resources.: A new attempt at conceptualizing stress*. American Psychologist. 44(3), 513-524.

Hobfoll, S.E. (2001), Social support and Stress. In N.J. Smelser & P.B. Baltes, *International Encyclopedia oft the Social & Behavioral Sciences*. Tarrytown, NY: Pergamon.

Kienle,R., Knoll,N. Soziale Ressourcen und Gesundheit: Soziale Unterstützung und dyadisches Bewältigen. In: Rennberg.B, Hammelstein, P. (2006). *Gesundheitspsychologie*. Heidelberg: Springer Medizin Verlag.

Latocha, K. (2015). *Verbesserung der psychischen Gesundheit am Arbeitsplatz, Evaluation eines Arbeitspsychologischen Gesundheitsförderprograms*. Wiesbaden: Springer Fachmedien

Lippke,S. (2004). *The Role of social support in adherence processes following a rehabilitation treatment.* Journal of Psychosomatic Research.

Maltby,J, Day,L, Macaskill,A. (2011*). Diferentielle Psychologie, Persönlichkeit und Intlligenz.* (2. Aktualisierte Auflage). München: Pearson Studium.

Moosbrugger, H & Keleva, A, (2020), *Testtheorie und Fragebogenkonstruktion: Qualitätsanforderungen an Tests und Fragebogen.* Berlin: Springer-Verlag.

Müllerschön,A. (2006*). Persönlichkeitstests auf dem Prüfstand, den Menschen im Fokus.* Schweizer Personammanagement Magazin. Magazin HR-Today.

Neyer, F. & Asendorpf, J. (2018). *Psychologie der Persönlichkeit.* (6. vollständig überarbeitete Auflage). Berlin: Springer Verlag.

Ostendorf,F & Angleitner,A. (2003). *NEO-Persönlichkeitsinventar nach Costa und McCrae.* Göttingen:Hoegrefe.

Park,K, Wilson,M.G & Lee,M.S. (2004*). Effects of social support at work on depression and organizational productivity.* American Journal of Health Behavior. 28(5):444-55.

Salewski,C, Renner,B. (2009). *Differentielle und Persönlichkeitspsychologie.* München: Max Reinhadt

Sarason, I.G, Sarason,B.R & Pierce, G.R.(1992). *Social support: The search of theory. Journal of social and clinical Psychology.* 1(6), 1028–1039

Sarason, I.G, Sarason,B.R & Pierce,G.R. (1992). Three Contexts of social support. In: H.O.F. Veiel & Baumann. *The meaning and measurement of social support.* New York: Hemisphere.

Scheier,M.F, Carver, S & Bridges, M.W. (2001). Optimism, pessimism, and psychological wellbeing. In E.C. Chang, *Optimism & pessimism: Implications for theory, research and practice.* Washington: American psychological Association. pp. 189–216

Scheier, M.F, Carver, C.S. (1985). *Optimism, coping and health: Assesment and implications of generalized outcome expantcies.* Health Psychology. 4(3), 219-47.

Schwarzer, R. (2000), *Stress, Angst und Handlungsregulation.* (4. Aufl.). Köln: Kohlkammer.

Simons-Morton, B., Chen, R., Abroms, L. & Haynie, D. (2004*). Latent growth curve analyses of peer and parent influences on smoking progression among early adolescents.* Health Psychology. 6, 612-21.

Smith, T.W. & Williams, P.G. (1992*). Personality and health. Advantages and Limitations oft he Five-Factor Model. Journal* of personality, 60, 395-425.

Simon, W. (2006*). Persönlichkeitsmodelle und Persönlichkeitstests,* bibliographische Information der deutschen Nationalbibliothek. Straßfurt: Salzlanddruck.

Thompson, A. & Bolger, N. (1999). *Emotional transmission couples under stress. Journal of marriage and the Family.* Washington: National Council on Family Relations.

Vollmann, M & Weber, H. (2011). Gesundheitspsychologie. In: Schütz. A, Psychologie. Eine Einführung in die Grundlagen und Anwendungsfelder *(Einführung Allgemeine Psychologie, 4,.* Vollst. Überarb. und erw. Aufl. Stuttgart: Kohlkammer.

Vollmann, M. & Weber, H. (2005). Gesundheitspsychologie. In: Schütz. A, Brand, M & Brand, M & Lauterbacher, S. *Psychologie- eine Einführung in ihre Grundlagen und Anwendungsfelder.* Stuttgart: Kohlkammer.

Vollrath, M.E. (2006). *Handbook of personality and health.* New York: John Wiley & Sons Ltd. Sussex: British Libary Cataloguing in Puplication Data.

Weber, H. & Salewski, C. (2009). Erwartungen und Überzeugungen. In J. ben & M. Jerusalem. (Hrsg.) *Handbuch der Gesundheitspsychologie und medizinischen Psychologie.* Göttingen: Hogrefe.

Weber, H. (2005). Gesundheitspsychologie. In H. Weber & Rammsayer (Hrsg.), *Handbuch der Persönlichkeitspsychologie und differentiellen Psychologie.* Göttingen: Hogrefe.